RUTA MÁLAGA
REIVINDICATIVA

ExLibric

RUTA MÁLAGA REIVINDICATIVA

EXLIBRIC

ANTEQUERA 2019

RUTA MÁLAGA REIVINDICATIVA

Índice

I. INTRODUCCIÓN

RUTAS FILOSÓFICAS

¡¿Rutas filosóficas?! Estas palabras las he escuchado numerosas veces, cada vez que intentaba presentarles este proyecto a las personas que tenía a mi alrededor. Intento explicarlo, una vez más. Las rutas filosóficas Ágoratour nacieron el mes de septiembre de 2014, como resultado de lo que he terminado por llamar *delirio productivo*. Con ellas puedes descubrir Málaga desde la filosofía. Se trata de reflexionar a partir de lo que pensaron algunos de los filósofos más importantes y hacerlo, además, a través del patrimonio histórico, cultural y artístico de la ciudad, esto es, edificios, esculturas, jardines, estanques, grafitis e, incluso, personajes de relevancia.

En estas rutas aparecen conjugadas mi pasión por la filosofía con las referencias a mi ciudad natal, Málaga. La idea de escribir los libros sobre estos paseos filosóficos guiados no estaba planificada de antemano, pero aquí están. Hay elementos se han incorporado a la ruta. Algunos han desaparecido y otros han mutado. Estas rutas están vivas y son flexibles. Este es uno de los posibles resultados. Estos libros te permitirán realizar las rutas por ti mismo, adaptándolas a tu propia interpretación.

También hay un guiño en el texto a la filosofía «en andaluz». Y es que la filosofía no se entiende ni se explica igual desde mi dialecto. Y no puedo salirme de él, aunque quiera, a la hora de filosofar.

RUTA MÁLAGA REIVINDICATIVA

Esta ruta trata de temas de filosofía política, tales como la constitución de ciudadanía a partir del liberalismo; la desobediencia civil; la lectura de la historia como el orden social de los vencedores; el marxismo y su revolucionaria manera de entender la historia como lucha de clases, etc. Pero como hilo conductor de todos los temas está la manera de entender la política a partir de la modernidad. Comienza con la crisis de la monarquía absoluta y el intento de justificación racional de este tipo de monarquía de Thomas Hobbes en el texto *Leviatán* (1631), donde se analiza la desobediencia civil desde dos posturas opuestas: la de Henry David Thoreau en su conferencia *La desobediencia civil* (1848) y la de Inmanuel Kant en el ensayo *Respuesta a la pregunta qué es la Ilustración* (1784). Continúa con la reflexión a partir de las ideas revolucionarias de Karl Marx en *El Manifiesto Comunista* (1848) y el análisis de varias de las tesis acerca de la historia de *Tesis de la filosofía de la historia* (1940) de Walter Benjamin.

Esta ruta filosófica realizará una referencia continua a los textos filosóficos anteriormente citados y a los hechos, personas y lugares históricos importantes para Málaga, como el general

Torrijos, su desembarco en Mijas, su captura y su ejecución en el barrio del Perchel; Cayetano Bolívar y «la desbandá» de 1937; el asesinato de Manuel José García Caparrós en la manifestación a favor del Estatuto de Autonomía de Andalucía el 4 de diciembre de 1977, etc.

2. PLAZA DE LA MERCED. OBELISCO AL GENERAL TORRIJOS

En la plaza de la Merced, bajo el obelisco, están enterrados el general José María Torrijos y los hombres que le acompañaron en su intento de pronunciamiento militar contra el absolutismo monárquico, el día 2 de diciembre de 1831. Torrijos fue un militar madrileño, que luchó siempre en las filas liberales. Participó en la guerra de la Independencia contra los franceses y en el pronunciamiento del general Juan Van Halen. Este pronunciamiento fracasó y Torrijos entró en la cárcel. El pronunciamiento del general Priego le sacaría de prisión y establecería el Trienio Liberal hasta 1923. Pero los franceses ayudaron al rey Fernando VII y enviaron un ejército para acabar con los liberales, los Cien Mil Hijos de San Luis. Torrijos tuvo que huir a Gran Bretaña, pero no se rindió. Desde allí planificó un desembarco en las costas malagueñas. Sir William Boyd participó en él y aportó dinero a la causa, pero las tropas absolutistas los atraparon y fueron fusilados el 11 de diciembre de 1831. Los restos de Boyd son los únicos que no están aquí, bajo el obelisco de la plaza de la Merced, sino que reposan en el Cementerio Inglés de Málaga.

Los liberales españoles querían restaurar la Constitución de 1812, conocida como la Pepa, porque las Cortes de Cádiz aprueban el texto el 19 de marzo, día de San José. Es el primer texto legislativo español liberal y uno de los más importantes dentro del liberalismo político. La Constitución de 1812 defiende la división de poderes: el legislativo reside en las Cortes, el ejecutivo en el rey y el legislativo en los jueces. La soberanía surge de la nación, pero es indirecta, mediante representantes en las Cortes. Esta «nación» constituía una minoría, pues solo los varones mayores de veinticinco años, de rentas elevadas, podían participar en las decisiones políticas. Así, las peticiones de las clases más populares fueron ignoradas. La Pepa puso límites al poder despótico de la monarquía absolutista española, para dárselo a la burguesía.

En la monarquía absoluta, su «graciosa» majestad hacía y deshacía según su real gana. El rey estaba por encima de las leyes y concentraba en su persona todos los poderes políticos. Aunque estaba obligado a respetar o, al menos, a aparentar que respetaba los preceptos religiosos y las costumbres de su país. En este panorama, no existía ni siquiera la ilusión de creerse «ciudadano», más propia de nuestros días. Además, por aquel entonces se establecía una diferencia entre el monarca absolutista y el resto de los mortales: los reyes reinaban por la «gracia divina», eran los representantes de Dios en la tierra, sus «ministros». A esta justificación del poder político se le llama teocracia.

El liberalismo político empezó en Gran Bretaña. En 1649, una revolución ejecutó al rey Carlos I por intentar gobernar sin control parlamentario. El rey Carlos II tiene que aceptar el control del Parlamento para gobernar y reconocer el habeas corpus en 1679, que evitaba los arrestos y detenciones arbitrarios. Una segunda revolución en 1689 acaba con la dinastía de los Estuardo y el nuevo rey, Guillermo de Orange, jura una declaración de derechos que limita su poder y somete algunas de sus decisiones al Parlamento. Gran Bretaña se transforma en una monarquía parlamentaria.

¿Por qué fracasó el desembarco de Torrijos y sus hombres en Málaga? Alguien traicionó a estos liberales. Descubriremos quién fue y cómo lo hizo en la última parada de esta ruta, cuando estemos en el lugar donde las tropas de Fernando VII fusilaron al general y a sus hombres, en las playas de San Andrés, en el barrio del Perchel.

NUESTRA LOBUNA CONDICIÓN. THOMAS HOBBES

El padre del monstruo: Hobbes

Thomas Hobbes, pensador inglés, escribió *Leviatán* en 1651, un texto que inicia la filosofía política moderna en plena revolución inglesa. Este surge desde el contexto de una profunda crisis política y social en Gran Bretaña. En él, Hobbes busca justificar racionalmente la monarquía absoluta y evitar la anarquía revolucionaria.

Un antecedente importante del pensamiento político de la modernidad es Nicolás Maquiavelo, que distingue entre la política y la religión, opinando que son dos ámbitos distintos que no se deben mezclar. Por ello, pasó a la historia con muy mala fama, como el más «maquiavélico» de los hombres.

La filosofía política moderna parte de un esquema intelectual en el que los filósofos políticos piensan la política de forma prioritaria desde el individuo y no desde la sociedad. Este cambio no sería posible sin la filosofía de Descartes y su descubrimiento de la subjetividad. Esta forma de entender la política en la modernidad es inédita.

La política ya no es lo que era

En la sociedad griega de la Antigüedad sucedía al contrario y el eje de reflexión política estaba en la comunidad, en la ciudad-estado *(polis)*. La política no se podía pensar desde el individuo aislado, ya que este formaba parte indisoluble de su comunidad como ciudadano; de hecho, la participación en las decisiones de la *polis* establecía la diferencia entre ciudadanos de primer orden y los marginados (extranjeros, esclavos y mujeres). Quizá por esta razón, Sócrates decidió aceptar su condena a muerte y bebió la cicuta. Si no lo hubiese hecho, le esperaba una condena mucho peor para la mentalidad griega de aquella época: el destierro y la pérdida de la ciudadanía y, por tanto, la pérdida de identidad. Por eso mismo, también Aristóteles afirmó que el hombre es un «animal político», (y digo «hombre» a sabiendas, pues las mujeres estaban excluidas de antemano de la participación política). Es decir, su naturaleza era asociarse en comunidad y colaborar para mejorar su vida, primero en comunidades pequeñas, como la familia, después la aldea y, finalmente, la *polis*.

Si firmo el pacto social es porque me conviene

En cambio, los pensadores políticos de la modernidad rechazan que la sociedad política fuese «natural» al ser humano. Más bien es un contrato social, diferente al estado de naturaleza en el que se encuentran los individuos antes de firmarlo.

Los seres humanos aceptan ese pacto bastante a disgusto. Según Hobbes, es antinatural, aunque el ser humano es calculador y reconoce la conveniencia de aceptar ese contrato social a cambio de conseguir más seguridad.

En la filosofía política moderna el término que define a ese pacto social que permite abandonar los peligros del estado de naturaleza es contractualismo. Esto es, existe una naturaleza en el ser humano previa y distinta a la política. Esa naturaleza es el ser humano natural, sin los «conservantes» ni «colorantes» que les añade la sociedad.

Otro término propio de la filosofía política moderna es iusnaturalismo o derecho natural, que defiende la existencia de derechos naturales en el individuo, a los que no puede renunciar sin perder la humanidad, como son el derecho a la libertad y a la vida.

La puñetera condición humana

Hobbes popularizó el proverbio *homo homini lupus,* que proviene de la tradición latina clásica. La traducción más común es «el hombre es un lobo para el hombre». Hobbes está de acuerdo con lo que expresa. Considera al ser humano egoísta y malvado por naturaleza. Así se comporta con el prójimo. Según la interpretación de Hobbes, en el estado de naturaleza, el ser humano vive en un estado de miedo y ansiedad continua, miedo ancestral a la muerte. No tiene la seguridad de que no venga otro más fuerte y le mate. El ser humano se desgarra porque, por un lado, quiere ser libre y hacer lo que quiera sin restricciones, pero, por otro, quiere sentirse seguro, así que calcula, mide conforme a su conveniencia y decide trocar algo de su libertad por seguridad. Pero solo lo hará si los demás también lo hacen. ¿A quién se someten todos? Al monarca absoluto. Este debe ser lo suficientemente poderoso para que todos tengan miedo de él y se sometan. El miedo a los demás hombres del estado de naturaleza se traslada y se concentra en el monarca. Ahora bien, ese contrato social tiene una letra pequeña: es irreversible. Los súbditos no pueden derrocar a ese gobernante en ningún caso.

Locke versus Hobbes

El filósofo inglés John Locke discute con Hobbes que no se pueda destituir al soberano, si no cumple su labor. Locke tampoco está de acuerdo con que el contrato social no pueda tener como resultado otra forma de gobierno que no sea una monarquía absoluta. Locke apuesta por no justificar la monarquía absoluta de ninguna manera, ni mediante la justificación teocrática tradicional, ni como lo hacía Hobbes, apostando por un monarca temible y todopoderoso, por encima de todos los individuos, que asegurase el orden social.

Locke rechaza también el análisis de la naturaleza humana que realizó su compatriota. El estado de naturaleza no es una guerra de todos contra todos. Al contrario, la mayoría de los seres humanos viven en paz, respetando los derechos naturales fundamentales del prójimo, el derecho a la vida, a la libertad y a la propiedad. Al considerar la propiedad como un derecho natural, Locke delata su mentalidad burguesa. Los derechos naturales son aquellos que poseemos de forma innata y son irrenunciables.

Para Locke, el contrato social tiene su origen en que la mayoría de los individuos, respetuosos con estos derechos naturales, quieren protegerse de una minoría irrespetuosa. Ahora bien, este contrato social da como resultado una monarquía parlamentaria y no una monarquía absoluta; de hecho, si el monarca no está por la labor de defender y respetar los derechos naturales de la sociedad, la ciudadanía tiene el derecho y el deber de rebelarse en su contra y derrocarlo.

El monstruo

Con su pensamiento político, Hobbes no ganó amistades, más bien al contrario. Sufrió hostilidad tanto por parte de los partidarios de la monarquía absoluta como por la de los partidarios de una monarquía parlamentaria. Pero Hobbes fue firme en su postura y concluyó que prefería un monarca absoluto, aunque de vez en cuando pudiese cometer excesos e injusticias, antes que el caos social que estaba sufriendo su país por las continuas revoluciones.

Hobbes no escoge el nombre de Leviatán para su obra por casualidad. El Leviatán es un monstruo marino temible por su poder, que aparece en el Libro de Job de las Sagradas Escrituras. Hobbes compara a este ser monstruoso con su monarca ideal que resulta del contrato social. Un análisis gráfico de la portada de la primera edición de *Leviatán* muestra un monarca gigantesco detrás de unas montañas. En la mano derecha porta una espada y en la izquierda un báculo. Abajo, en el valle, aparece una ciudad. Este poder político hobbesiano es la guía de todos los súbditos y el verdugo de los desobedientes. En la parte superior aparece un fragmento del texto tomado del Libro de Job de la Biblia: "No hay poder alguno que se le compare". Si observamos con detalle la ilustración, el cuerpo de este rey está formado a partir de muchos individuos, que se someten a su poder absoluto en aras de alcanzar una vida cotidiana más tranquila y segura. El monarca simboliza la voluntad de todos ellos.

Según Hobbes, no hay dudas de que el ser humano no quiere someterse al orden social. Lo hace a regañadientes, ya que sabe que es la única solución que le queda si quiere vivir más tranquilo y durante más tiempo. La política, desde esta perspectiva, no es algo «natural» al ser humano, sino un artificio impuesto. No existe una naturaleza política en nosotros. Lo único natural es nuestro egoísmo y agresividad. Renunciamos en parte a esta naturaleza humana «encantadora» para vivir en sociedad, maniatándola. Pero ojo, que nuestra lobuna condición siempre está ahí y a veces se libera, dando algún que otro mordisco.

3. CALLE ARCO DE LA CABEZA. ENTORNO "THRYSTEN" O DICKENS. GRAFITI

El entorno Thyssen son los alrededores «oficiales» del museo de Tita Cervera, pero existe otro entorno cercano, que es todo lo contrario: suciedad, deterioro y dejadez. Un autor anónimo e ingenioso lo llamó el entorno «Thrysten o Dickens». Aquí, en la calle Arco de la Cabeza, paralela a calle Carretería, y siguiendo la línea de la antigua muralla árabe de la ciudad, hay un grafiti que representa a un hombre que ha perdido la cabeza literalmente. ¿Y dónde está su cabeza? En el interior de una figura geométrica, un cubo transparente. ¿Mente cuadriculada? ¿Cabezas controladas?

El grafiti fue un arte marginal. Hoy ya no lo es tanto. Algunos grafiteros «domesticados» pintan las persianas metálicas de comercios a cambio de llenar la bolsa. También existen concursos oficiales de grafiti, donde el sistema premia a las mejores obras, o exposiciones en los museos de grafiti. ¿Tiene sentido la existencia de grafitis legales? Algunos grafiteros, respetuosos con el origen del grafiti como arte marginal, afirman que «si es legal, no es grafiti».

El grafiti introduce en esta ruta varios temas propios de la reflexión filosófica. En cuanto a la estética, el grafiti plantea la problemática de qué es arte y qué no lo es, y quién lo decide. El grafiti también hace referencia a la política; en concreto, al tema de la desobediencia civil. Esta ruta deja de lado el tema de la estética, ya que su hilo argumental es la reflexión política a partir de la modernidad. Pintar un grafiti o plasmar una plantilla (stencil) sobre los muros para reivindicar algo es un acto de desobediencia civil, porque está prohibido por la ley. Podemos estar de acuerdo o no con la acción de «pintar». Nuestra posición ante las acciones grafiteras reivindicativas ya es una posición filosófica, si damos argumentos de ella. ¿Existe una legitimación para desobedecer alguna vez las leyes o no se pueden trasgredir bajo ningún concepto? En esta parada de la ruta, analizaremos la posición de Kant, filósofo alemán del siglo XVIII. Kant es uno de los pensadores más obedientes de la «fauna» filosófica y opina que hay que obedecer siempre las leyes. Nunca hay justificación de ningún tipo para desobedecer las leyes.

PIENSA LO QUE QUIERAS, PERO OBEDECE. IMMANUEL KANT

Kant en su salsa

Este breve ensayo de 1784, *Respuesta a la pregunta qué es la ilustración*, publicado originalmente en una revista, muestra a un Kant sorprendente por el «relajado» tono del texto. El filósofo alemán escribe con ironía, misoginia y una ingenua fe en las posibilidades de que la humanidad progrese gracias al ejercicio de la razón. Kant, como buen ilustrado, aunque las luces no le lleguen para «iluminar» al «bello sexo» (como llama a las mujeres en el texto), defiende que razonar nos liberará de ataduras como las supercherías de la religión y los prejuicios de la tradición. Pero un librepensador no surge de la nada, se hace poco a poco, como un buen caldo.

La misión de un buen Estado es cuidar de los ciudadanos, como lo hace un buen padre, hasta que los hijos sean capaces de volar por sí mismos. Pero un padre amantísimo tiene que ser severo, no puede dejar que el hijo se tuerza, así que desde pequeño controla con firmeza al «arbolito», poniéndole límites. Un buen Estado es así, según Kant. El Estado debe ser protector de la cultura y fomentar la igualdad jurídica, pero debe tener mano dura y ser defensor a ultranza del orden social, puesto que solo en un contexto social de estabilidad podrá el hombre crecer con la sola fuerza de su razón. Las revoluciones sociales son perjudiciales para llegar a forjar librepensadores. Estas quieren imponer de forma rápida y agresiva ideas a las que los sujetos no han llegado por el ejercicio de su propia razón, sino que les vienen del «exterior», de otros que han pensado por ellos (a los que Kant llama tutores).

Las sombras de las Luces

Ahondemos un poco más en el texto. Kant distingue entre época ilustrada e Ilustración. Vive en una época llamada Ilustración, una etapa histórica que presume de ser «ilustrada», comenta el filósofo de Könisberg. Pero, ¿esto es cierto? «No», contesta Kant rotundamente, ya que la mayoría de los seres humanos varones y ninguna mujer (supongo que se refiere a la pocas que conocía en su pueblo, si es que «conoció» mujer) piensa críticamente. ¿Cuáles son las causas de no pensar por uno mismo? Encuentra dos principales, la pereza y la cobardía, que impiden al ser humano la transformación en librepensadores. Es más fácil «no comerse el coco», dejar que nos arrastre lo que otros, encantados de hacerlo, han pensado por nosotros y permanecer en la «minoría de edad», aunque ya no quede mucho espacio en la tarta de cumpleaños para las velas. Hay que aprender a pensar de forma autónoma, lo que llama en el texto alcanzar la «mayoría de edad», porque es con lo único que podremos alcanzar la libertad y la verdadera época ilustrada.

La razón dividida

Kant introduce otra distinción importante entre uso público de la razón y uso privado de la razón. La capacidad de pensar por nosotros mismos no tiene restricciones. Kant llama a esta capacidad uso público de la razón. Aunque es cierto que si vamos a reflexionar acerca de algún tema, hay que estudiarlo, hay que ser experto en la materia. Aquí no vale que cualquiera opine sin fundamento sobre algo de lo que no tiene ni idea, que es lo que ocurre, en muchas ocasiones, en los medios de comunicación actuales a través de las nuevas tecnologías y las redes sociales, donde cualquier rebuzno parece ser merecedor de atención.

"Privado" no significa la república independiente de tu hogar

El uso privado de la razón, a pesar de que el término «privado» da lugar a equívoco, no señala las reflexiones que hago en la intimidad de la república independiente de mi hogar. Este uso se refiere a que debemos limitar nuestro libre pensamiento cuando estemos trabajando. Vamos a imaginar que un soldado, que conoce bien su oficio, se niega en plena batalla a obedecer a su capitán, porque piensa, y puede tener argumentos racionales de peso, que su superior se equivoca al ordenar que se produzca el ataque al enemigo por la derecha. Este soldado sería arrestado como poco. Ni el ejército ni ninguna institución pública funciona con desobedientes para el «iluminado» filósofo de Könisberg. Y tenía razón.

Kant quiere que nos demos cuenta de que el orden social se desmoronaría si cada sujeto ejerciera sin limitación alguna su libertad de pensar en el trabajo. La sociedad sería un caos. Entonces, ¿tenemos que dejar el orden social tal y como está? ¿No podemos mejorar las cosas? Claro que sí, replica Kant. Pero desobedecer no es el camino para realizar cambios y alcanzar el progreso de la humanidad. ¿Cuál es el camino correcto, pues? Kant dice que investigar en profundidad aquel aspecto que queramos mejorar y después seguir las vías legales propuestas por el Estado para iniciar una reforma.

El profe ateo Fulanito

Pongamos otro ejemplo en el ámbito de la enseñanza. Todos conocemos a algún Fulanito. Este Fulanito es profesor de Filosofía en Bachillerato e imparte clases de Historia de la Filosofía. Además, es ateo. En el contenido de la programación oficial de la materia Historia de la Filosofía aparece un filósofo cristiano, Santo Tomás. Pero el profesor Fulanito se niega a exponer el pensamiento de filósofos cristianos, porque él no es creyente. Algunos de sus alumnos se van a presentar al examen de acceso a la universidad y uno de los autores que podría salir es Santo Tomás. Para Kant, el profesor Fulanito confunde el uso público y el uso privado de la razón. No cumple con su trabajo, negándose a explicar un contenido obligatorio, que sus alumnos podrían necesitar. Si no le gusta impartir clases sobre pensadores cristianos, podría recoger firmas a favor de eliminarlos de la programación oficial y enviar el documento al Ministerio de Educación. Si son muchas firmas recogidas a favor de la eliminación de pensadores cristianos del programa educativo, en un futuro podrían hacerse realidad sus sueños húmedos de ateo. Pero, mientras esto sucede o no, de ninguna manera es aceptable que Fulanito no imparta clase sobre Santo Tomás.

El pensamiento kantiano no es subversivo. Nos hemos dado cuenta. Apuesta por los cambios progresivos. Pero, ¿qué ocurre con las minorías que nunca son escuchadas por los cauces legales? ¿Habrían cambiado su situación las sufragistas si no se hubiesen encadenado y formado jaleo? ¿Y habrían progresado los derechos civiles de los negros si la señora Rosa Parks, sumisa, le hubiese cedido su asiento del autobús a unas posaderas blancas? Los desobedientes son necesarios para cuestionar el orden social imperante y cambiarlo. No podemos pedir moderación a una revolución.

4. CALLE NUÑO GÓMEZ. PLANTILLA GRAFITERA: «10.000 VIVIENDAS VACÍAS»

A lo largo de la calle Nuño Gómez encontramos varias plantillas grafiteras sobre las puertas tapiadas de casas vacías. Las plantillas reivindican que hay mucha gente que no tiene vivienda y, sin embargo, existen gran cantidad de viviendas deshabitadas. Sus propietarios las mantienen cerradas por motivos de especulación inmobiliaria. Cada una de las plantillas contabiliza el número de casas vacías y es interesante, porque forman una serie y no hay muchas así, aunque cualquier grafiti reivindicativo, tan prolíficos en los muros de estas callejuelas, podría servir para cuestionarnos acerca de la desobediencia civil.

PIENSACTUANDO. HENRY DAVID THOREAU

Auténtico y ecológico (no es papel higiénico)

Henry D. Thoreau no es un filósofo típico. Vivió durante el siglo XIX en Norteamérica. No estudió filosofía académica, sino que dedicó su tiempo a labores de muy distinta índole, como fabricar lápices y medir los campos, gracias a sus estudios de agrimensura. Muchos defensores del movimiento ecológico consideran a Thoreau su pionero. En su libro *Walden o La vida en los bosques* (1854), este pensador recoge su experiencia viviendo al lado del lago Walden Pond, aislado de los demás seres humanos, donde vivió de la forma más autosuficiente posible en y de la naturaleza.

Al dicho uno el hecho

Thoreau no entendía la filosofía como especulación teórica, así que unió teoría y práctica. Es uno de los pocos filósofos, y de los pocos seres humanos, que mantuvo coherencia entre lo que pensaba y lo que hacía; de hecho, en ocasiones fue tan riguroso haciendo lo que pensaba, que acabó con sus huesos en la cárcel. Se negó a pagar unos impuestos destinados, a su juicio, a mantener la esclavitud de los afroamericanos y una guerra imperialista contra México. El texto que vamos a analizar, *La desobediencia civil*, es una conferencia que leyó en 1848, recién salido de la cárcel. Durante los dos años que permaneció entre rejas, Thoreau escribió esta obra para explicar por qué es ético desobedecer una ley injusta. Martin Luther King tenía este texto como inspiración y Gandhi no solo lo tenía como libro de cabecera, sino que lo había estudiado, recitando fragmentos de memoria.

Coherencia entre rejas

Thoreau piensa que ante cualquier norma o ley injusta hay que reaccionar de inmediato, actuando de forma individual. No hay que esperar a que otros se decidan, ni tampoco a que las circunstancias sean más propicias. Si el Estado me quiere obligar a colaborar con la injusticia, intentando que pague impuestos que van destinados a mantener situaciones injustas para otros seres humanos, mi respuesta debe ser negarme a pagarlos, aunque vaya a la cárcel si no los pago. Es el precio a pagar. El Estado como respuesta a los desobedientes civiles pone en marcha un mecanismo de violencia «legítima». Quiere objetos y no sujetos libres; de esta forma, explica Thoreau, «soy más libre entre rejas que fuera, sometido al Estado y a sus leyes interesadas». Más aún, afirma que «si no actúo ante las injusticias, me convierto en su cómplice».

Una anécdota sobre Thoreau que muestra sus firmes principios cuenta que mientras estaba en la cárcel, fue a visitarle el filósofo Ralph Waldo Emerson. Al encontrase con Thoreau, Emerson le preguntó: «Pero, Thoreau, ¿qué haces aquí?». Ni corto ni perezoso el desobediente civil le espetó: «¿Y qué no haces tú aquí, Waldo?». Algunos amigos se ofrecieron a pagar los impuestos por él, pero Thoreau no lo permitió. No todos somos capaces de llevar nuestras ideas hasta las últimas consecuencias. Thoreau forma parte de ese selecto club de cabezotas coherentes, como Sócrates y Tomás Moro.

Por las grietas de la democracia se cuela la injusticia

El texto de *La desobediencia civil* cuestiona la democracia como forma de gobierno. Thoreau no cree en la democracia. Afirma que lo que decide una mayoría frente a una minoría no siempre es la elección más justa. Además, una sola decisión justa de un ser humano ya es «mayoría de uno». ¿Por qué vale más la opinión de varios o muchos individuos que la opinión de uno solo? ¿Se trata de un valor aritmético o ético?

Otro defecto que tiene la democracia, según Thoreau, es que hay que esperar a que todos tomen una decisión. Mientras, la injusticia continúa. En sus propias palabras, «hay que convertirse en el palo que entorpece la rueda de la injusticia movida por el Estado». ¿Era ácrata este insumiso pensador? No tenía el carné de libertario, ni falta que le hacía, pero identificaba el Estado con el poder y quería ser libre por encima de todas las cosas. El individuo y su dignidad deben estar por encima del orden social. Thoreau era profundamente religioso y no hay demasiados anarquistas que crean en Dios. Consideraba a la Naturaleza como la madre de todos los seres humanos y a Dios como nuestro padre. Además, era un decidido defensor y practicante de la castidad. En la cabaña del lago Walden era menos probable encontrarse con tentaciones carnales...

El caramelito de la esclavitud

Thoreau le quita la máscara a la sociedad norteamericana. El «debate» que se planteaba en la sociedad de su tiempo era si resultaba conveniente abolir la esclavitud en ese momento tan delicado, en el que por primera vez se había logrado un verdadero «espíritu nacional» entre los diferentes Estados del país, ya que los Estados sureños querían mantener la esclavitud. Aunque los «malos de la película» parecían los Estados del sur, todo el país se beneficiaba de la esclavitud, de forma directa como sucedía en el sur, o de forma indirecta como en el resto de Estados.

Thoreau afirma que la decisión de abolir la esclavitud se retrasaba no por delicadeza diplomática, sino porque no interesaba su desaparición. La esclavitud era un «caramelo», mano de obra abundante y gratuita, que solo generaba beneficios y ningún gasto. Al país le costaba renunciar, aunque fuese a costa de una situación injusta para otros seres humanos. ¿Es posible vivir fuera del orden social sin el límite de las leyes? ¿Escribió Thoreau la experiencia de aislamiento social y supervivencia en la cabaña del lago Walden Pond para dar testimonio de que «sí, se puede»?

Epílogo: Un café filosófico entre Thoreau y Kant

En principio, no parece posible el encuentro entre estos dos pensadores para un café filosófico. Vivieron en siglos distintos, poseían caracteres opuestos, sus posiciones ante la desobediencia civil parecen irreconciliables. Pero Ágoratour ha conseguido reunirles en una cafetería de Málaga y, pese a las diferencias en cuanto a obedecer o desobedecer de uno y de otro, es sorprendente que hayan encontrado nexos comunes entre ellos. Kant, con un descafeinado humeante en sus manos, nos comenta que coincide en algunas ideas con el «amigo americano», como ha llamado a Thoreau, señalándolo con una inclinación de cabeza. Thoreau, que ha preferido tomar un té que ya casi ha acabado, asiente con una sonrisa. Vamos a reproducir de forma literal el diálogo entre estos dos pesos pesados de la filosofía, para que no haya malas interpretaciones por nuestra parte. Aquí están, sin trampa ni cartón.

KANT: —Antes de nada, gracias a Ágoratour por la invitación. Tengo que decir que me encanta este proyecto. Es sumamente coherente con el proyecto ilustrado. Por esta razón, he aceptado venir. Ya sabéis que no salgo apenas de Könisberg. Y una vez he podido conocer al Sr. Henry, me he dado cuenta de que tenemos algunas ideas en común.

THOREAU: —Pensar caminando al aire libre… Me gusta mucho. Hay que hacer más actividades como esta. Pues sí, usted y yo coincidimos en algunas cosas. El Estado para mí es un inconveniente, pero estamos de acuerdo en su misión: hacer a los seres humanos independientes, aunque debo confesarle que no he conocido nunca un Estado así.

KANT: —Querido amigo americano, eso es porque no conoce Prusia. Ahora mismo tenemos al mejor gobernante que se pueda soñar desde la razón: Federico II. Permite la libertad de credos, ayuda a los intelectuales, es amante de las ciencias y las artes. Pero no se lo imagine como un pusilánime. Es muy viril y no permite la desobediencia de ningún tipo.

THOREAU: —¿Y os sentís libres bajo su yugo?

KANT: —Conoce mi opinión, Henry. Ese yugo es necesario para alcanzar la libertad.

THOREAU: —¡Me sorprende que piense así! ¡Que la libertad pueda alcanzarse de ese modo!

KANT: —Lo sé. Resulta paradójico y maravilloso a la vez. El buen Dios tiene planes especiales para el ser humano, Henry.

THOREAU: —No sé, no me convence la idea de vivir sometido, aunque sea en una jaula de oro. Pero, una cosa que leí en su ensayo... Dice que la pereza y la cobardía son las peores enemigas de la libertad. Estoy totalmente de acuerdo. La mayoría tiene miedo a ser libres o se da cuenta del esfuerzo que supone y renuncia.

KANT: —Efectivamente. Y también puedo decirle, aunque no me gusta nada la desobediencia ciudadana que promueve en su libro, que encuentro muy acertado que diga que un ser humano tiene más libertad para pensar de forma autónoma cuantos menos bienes materiales tenga. Cuando posees fortuna, pagas a otro para que piense por ti. Eso no es lo que yo entiendo por progreso de la humanidad.

THOREAU: —Sí. Cuanto más dependes de bienes materiales, más esclavo serás de aquellos que los producen. Pero esto la gente no lo entiende. Confunden tener con ser.

KANT: —No hay nada más grato que una buena conversación como esta, con la que poder elevar nuestro espíritu, Henry. Esto no se paga con nada.

THOREAU: —Bueno, Immanuel, ha sido un placer conocerle. Debo irme, me esperan en la cárcel. Me dieron permiso para venir.

KANT: —¡Dios mío! ¿Otra vez desobedeció al Estado?

THOREAU: —Ya sabe, soy incorregible. Por cierto, Immanuel, me encanta su peluca.

5. PASILLO DE SANTO DOMINGO. EL PERCHEL, «LA DESBANDÁ» Y EL «MÉDICO DE LOS POBRES», CAYETANO BOLÍVAR

En el barrio del Perchel Norte, pasados unos metros de la parroquia de Santo Domingo de Guzmán, en el Pasillo de Santo Domingo, en el suelo y cerca de la barandilla del puente, podemos ver los restos de una plantilla grafitera reivindicativa, cada vez más difuminados, que hace referencia a la Desbandá de 1937, acompañadas de unas huellas de pies «ensangrentados».

¿Qué fue «la Desbandá»? Fue un éxodo masivo de la población malagueña en febrero de 1937. La gente abandonó sus hogares con lo puesto, aterrorizados ante la llegada de las tropas nacionales del general Franco, que prometían represalias contra la población de la ciudad, conocida por el sobrenombre de la Roja. Aquello fue un crimen contra la población civil malagueña, que fue masacrada por un ejército profesional desde tierra, mar y aire. Fue llamado «el crimen de la carretera Málaga-Almería». Málaga fue la primera ciudad bombardea-

da al inicio de la guerra civil española, antes que Madrid y Barcelona. La gran cantidad de muertes de civiles en Málaga superó los números de Guernica. Se cuenta la anécdota de que Picasso, al enterarse de lo ocurrido en Málaga, dijo que si se hubiese enterado antes del crimen, su cuadro se habría llamado Málaga en vez de Guernica. «La Desbandá» fue un hecho histórico que se ha querido silenciar durante años.

La profesora de Historia de la Universidad de Málaga, Encarnación Barranquero Texeira, ha estudiado la Guerra Civil en Málaga durante años y defiende la tesis de que el crimen de población civil ocurrido en «la Desbandá» de 1937 fue una represalia; en concreto, un genocidio de la población malagueña por razones políticas.

La figura de Cayetano Bolívar es clave para entender lo que ocurrió. Bolívar, jienense de nacimiento, estudió Medicina y destacó pronto en su ámbito. Consiguió una beca para completar sus estudios en Alemania. Allí, se interesó por la filosofía marxista-leninista, que adoptaría como propia. Regresó a Málaga para ejercer la medicina. Movido por sus ideales políticos, ayudó a los más necesitados, ejerciendo como ginecólogo y creó el hospital de Arroyo de los Jaboneros en la barriada El Palo, siendo conocido por el «médico de los pobres». Se preocupaba por la gente de los barrios más humildes, como el Perchel y la Trinidad. Cayetano participó en política en el Partido Comunista.

En Málaga, en 1933, durante la II República, se produjo una situación política inédita, que años más tarde se repetiría, en 1936, en todo el país. Los partidos políticos de izquierda se agruparían en el Frente Único Antifascista (FUA) frente a los partidos de derecha en la provincia malagueña. El Frente Único Antifascista de Málaga es pionero de la agrupación de partidos de izquierda en 1936 a nivel nacional, el Frente Popular. En la provincia de Málaga, los comunistas, por primera vez, se unirían a los socialistas y a los radical-socialistas en la lucha contra el fascismo. Cayetano Bolívar fue elegido como máximo representante en Málaga gracias a su carisma y a su humanidad. Llegó a ser el primer diputado comunista de las Cortes en España.

Desde entonces, Málaga sería considerada por los nacionales como «enemiga de la patria». «La canalla roja de Málaga» la bautizaría el general Queipo de Llano, famoso por sus exabruptos desde Radio Sevilla durante la Guerra Civil, desde donde prometía fusilar a todos los hombres de la población malagueña y violar a las mujeres a manos de «verdaderos hombres patrios», grupo donde él se incluía, por supuesto. Estas declaraciones provocaron la estampida de población civil por la carretera de la costa de Málaga hasta la zona republicana de Almería. No sabían que se metían en un callejón sin salida, donde serían asesinados vilmente.

Cayetano Bolívar sería fusilado en 1939 en Granada, al acabar la guerra civil «oficial», en la posguerra que, según cuentan algunos que la vivieron, fue tanto o más cruenta que la época de contienda abierta entre los dos frentes.

SI LA FILOSOFÍA NO CAMBIA EL MUNDO, NO SIRVE «PANÁ». KARL MARX

Para ser un fantasma, golpea con fuerza

El Manifiesto Comunista es un texto que Karl Marx escribió con 29 años en colaboración con su compinche Friedrich Engels, publicándolo por primera vez en 1848 de forma anónima. Este texto, que es el que mejor sintetiza los principios del marxismo, tiene su origen en una demanda de sus camaradas ideológicos: le pidieron que escribiese unas líneas que dejase claro qué era el marxismo y que expusiese las características que lo diferenciaba de otros socialismos. Marx lo hizo y añadió al texto una defensa contra las acusaciones que se le hacían al comunismo y que le daban fama de ir en contra de las buenas costumbres del orden social. Europa se estremecía ante el «fantasma del comunismo».

Siguiendo la pauta «no hay mejor defensa que un buen ataque», el texto no deja títere con cabeza y va desmontado una a una las acusaciones que les habían hecho a los comunistas. También marca una línea de separación con otros socialismos, a los que Marx tacha de inútiles por «bucólicos». La solución a las injusticias sociales no puede ser otra que la revolución. No puede haber otra salida para escapar al sistema. Los medios de producción deben pertenecer a todos; sin embargo, esto los privilegiados no lo van a permitir, pues supone el final de su vida de riqueza y ventajas, construida sobre la explotación de otros seres humanos. La sangre debe llegar al río, pues.

Materialismo sí, pero dialéctico

Karl Marx es un filósofo materialista. ¡¿Cómo?! ¡¿Comunista y materialista?! A ver, poco a poco. Aclaremos qué entiende por materialismo. No existen Dios ni el alma. No existe ninguna «sustancia espiritual». Únicamente la naturaleza y los seres humanos y las relaciones entre ellos mismos y la propia naturaleza. La historia no es la que nos enseñan en el colegio, historia de supuestos «ideales» y «creencias», sino que es el proceso de cómo los seres humanos transforman la Naturaleza para satisfacer sus necesidades, estableciéndose dos clases sociales en este proceso: la clase dominante y la clase dominada.

Marx había estudiado el materialismo a fondo, firmando su tesis acerca del atomismo de Demócrito y Epicuro. Ahora bien, el materialismo marxista se distingue del materialismo de los filósofos de la Antigüedad en varios puntos importantes: la materia tiene un movimiento propio e interior y ese movimiento es natural y progresivo; el Universo es un enorme proceso con sentido y organizado, donde todas las cosas actúan y reaccionan entre sí.

Además, Marx defiende un materialismo, pero un materialismo dialéctico. ¡Otra palabreja filosófica! Un poco de paciencia. ¿Qué es dialéctica? Etimológicamente, significa «a través del razonamiento (*logos*)». En líneas generales, la dialéctica hace referencia a un modo particular de usar la razón. La dialéctica está formada por tres momentos. En primer lugar, se formula una tesis; en segundo lugar, se realiza una crítica a esa tesis, la antítesis, y en tercer lugar se llega a una unión entre la tesis y la antítesis, llamada síntesis. Esta síntesis se transforma, entonces, en una nueva tesis, que podrá ser discutida. La realidad es un proceso dialéctico, pero un proceso dialéctico real, frente a la dialéctica ideal de su inspirador, Hegel, otro filósofo germano.

Marx toma la dialéctica de Hegel, abstracta, y la adapta a su concepción materialista, afirmando que la realidad es un proceso dialéctico, pero no es un proceso de conceptos o ideas, sino que se trata de un proceso real. Ese proceso se da en la lucha de clases, entre la clase dominante y clase dominada. La historia de la humanidad es la historia de la lucha entre estas dos clases. En primer lugar, existió la sociedad esclavista (amo-esclavo); en segundo lugar, la sociedad feudal (señor-siervo) y, por último, la sociedad capitalista (propietario-proletario). La sociedad burguesa capitalista es aquella en la que Marx vive y colea. La sociedad capitalista tiene unas características especiales que no habían existido hasta ese momento. No existieron obreros ni en la sociedad esclavista ni tampoco en la feudal. Por tanto, para Marx el proceso dialéctico se desarrollaría así: tesis (sociedad capitalista) – antítesis (existencia del proletariado) – síntesis (revolución y sustitución por la sociedad comunista).

Teoría y praxis: tanto monta, monta tanto

Marx cree en la necesidad de desmontar el orden social mediante una revolución e instaurar un orden más justo y acorde con la naturaleza humana: el comunismo. En el ámbito filosófico, Aristóteles había escindido en dos el saber: de un lado, está el saber teórico y, de otro lado, el saber práctico. Marx, en cambio, cree que un auténtico saber unifica la teoría y la praxis. Con ello, realiza una denuncia a la filosofía, «los filósofos se han dedicado a interpretar el mundo de distintos modos, pero se trata de cambiarlo. El verdadero conocimiento debe transformar el mundo en el que viven y trabajan los seres humanos». Ese mundo histórico es lo real para Marx.

El trabajo comunal es felicidad

La esencia del ser humano es su trabajo o, lo que es lo mismo, su actividad productiva-transformadora, su capacidad de transformar la naturaleza para saciar sus necesidades. El producto del trabajo tiene que pertenecer al que realiza el trabajo. En la sociedad capitalista, el burgués propietario de las fábricas se queda con el producto que elaboran los trabajadores, y no solo eso, ya que este nunca les paga un salario que se corresponda con el esfuerzo y el tiempo empleados en la elaboración, sino siempre menos. Gracias a ello, el propietario acumula capital.

El salario del proletario sólo le permite la subsistencia, así este se asegura que el proletario regrese siempre a seguir siendo explotado. No le queda otra, si él y su familia quieren comer. Así, tanto el proletario como el propietario se deshumanizan. Ninguno realiza la actividad que les caracteriza como seres humanos. El proletario no disfruta trabajando, el producto de su trabajo no le pertenece y recibe un salario mísero. Únicamente se siente libre cuando no trabaja, realizando las actividades que compartimos con otros animales (dormir, comer...). Aunque vive más cómodamente en cuanto a la satisfacción de sus necesidades materiales, el propietario se desvincula del trabajo, solo recibe su beneficio. Ambos, propietario y proletario, viven en la alienación, es decir, no se reconocen en su actividad, a pesar de ser esta la más acorde con su naturaleza. Incluso los trabajadores mismos se convierten en mercancías, en cosas que pueden ser compradas y sustituidas.

Las nebulosas ideas nublan la realidad

Marx define la ideología como un conjunto de elementos simbólicos que representan la realidad. Toda cultura se construye sobre esos elementos simbólicos. Ahora bien, esos elementos simbólicos pueden representar la realidad falsamente, y que detrás de esa interpretación haya un interés. Marx subraya el aspecto negativo de la ideología como conjunto de símbolos creados por la clase dominante, con el objetivo de conservar sus privilegios sobre la clase oprimida. La filosofía en general falsea la realidad y, por tanto, puede ser definida como ideología. El pensamiento no cambia la realidad, sino que está producido por una realidad muy concreta, por un modo de producción determinado, la tecnología, entendida como el modo de organizarse para trabajar. Pensamos lo que la clase dominante quiere que se piense. El pensamiento no es libre.

¿Qué es la realidad según Marx? La realidad fundamental es el modo de producción que se da en un contexto histórico determinado. Este modo de producción o sistema organizativo de trabajo, es decir, cómo nos organizamos para producir nuestros medios de vida, es la realidad más importante, ya que determina los demás aspectos de una sociedad. A ese modo de producción lo llama infraestructura (esclavista, feudal, capitalista), que produce y determina la supraestructura (filosofía, derecho, arte). La infraestructura es el esqueleto de cualquier sociedad. No es un proceso causal unidireccional, lo que quiere decir que la supraestructura también influye en ella. Pero el peso determinante lo tiene siempre la infraestructura sobre las producciones culturales.

El marxismo tiene como objetivo la sustitución de un modo de producción capitalista por un modo de producción comunista. El marxismo es un colirio que ayuda a «abrir los ojos», pero el verdadero cambio solo se dará con una revolución, donde la clase trabajadora, dominada hasta ese momento, arrebate los medios de producción al burgués propietario, constituyéndose una sociedad comunista. Los verdaderos cambios en el orden social dependen de la sustitución de un modo de producción por otro. No hay otra fórmula que el desmantelamiento del orden social capitalista, y la revolución no se puede hacer pidiendo permiso.

La farisea filosofía

Si examinamos las producciones culturales del sistema capitalista, el derecho defiende los intereses de la burguesía, la clase dominante del momento, por ser dueña de los medios de producción; el arte que se valora es aquel que ensalza a la burguesía, como los retratos de las personalidades «exitosas» y explotadoras; en el ámbito del pensamiento, tanto de lo mismo. ¿Qué filosofía ha triunfado? La que conviene a las clases dominantes, la máxima expresión de la filosofía burguesa, el pensamiento de Hegel, que justifica las injusticias y las miserias del sistema capitalista como parte inevitable y necesaria del proceso en el que el espíritu se reconoce a sí mismo. «Todo lo real es racional, y todo lo racional es real». La explotación, el hambre y la miseria de gran parte de la humanidad tienen un sentido racional. «¡Qué poca vergüenza!», exclama el dúo de indignados camaradas, Marx y Engels, ante la filosofía de Hegel, la justificación filosófica más «elevada» de la injusticia social, aunque ambos filósofos no escapan al embrujo omniexplicativo de Hegel; de hecho, Marx realiza una lectura de izquierdas del pensamiento hegeliano: si la existencia del proletariado es irracional, hay que acabar con la existencia del proletariado, para que toda la realidad pueda ser racional, ya que ahora mismo no lo es.

Títeres sin cabeza

En *El Manifiesto Comunista,* Karl Marx se despacha a gusto contra las principales críticas que la sociedad burguesa había realizado al comunismo.

BURGUÉS 1: —¡Vosotros, los comunistas, queréis arrebatarnos nuestras propiedades! ¡La propiedad es un derecho natural del ser humano!

MARX: —El comunismo no está en contra de la propiedad, sino solo en contra de la propiedad privada, mantenida gracias a una situación de injusticia, donde la gran mayoría no posee ese «derecho natural» a la propiedad, para que vosotros podáis tenerlo, burgueses. Como alternativa, defendemos la propiedad de todos, la comunal.

BURGUÉS 2: —He oído que queréis acabar con la familia... ¡Es intolerable ir contra esta sagrada institución!

MARX: —Habéis oído muy mal. El comunismo no quiere abolir la familia. Al contrario, quiere que todos los seres humanos puedan disfrutar de la familia, si así lo desean. Hasta ahora únicamente vosotros, burgueses, disfrutabais de familia. Los trabajadores están todo el tiempo trabajando: hombres, mujeres y niños. Todos ellos son meras «unidades de producción» para vosotros, así que escucha ahora bien: queremos abolir el trabajo infantil.

BURGUÉS 3: —¿Y qué decís de la comunidad de mujeres que proponéis, comunistas? ¡Qué aberración!

MARX: —La comunidad de mujeres no es una propuesta comunista, sino que, por desgracia, es una situación que existe desde siempre, provocada por la injusticia social de la sociedad capitalista. Vosotros, burgueses, tenéis a vuestra disposición a las mujeres como otra «mercancía» más. Desde vuestras esposas, a las mujeres e hijas de los trabajadores, hasta las prostitutas «oficiales».

BURGUÉS 4: —¿Hay algo peor que ir contra la propia nación? ¡Los comunistas sois antipatrióticos!

MARX: —El trabajador no tiene «patria» ni «nación». Estas son un invento vuestro, burgueses. No hay ninguna «nación» o «patria» que cuide del trabajador y no lo reduzca a cosa. Al desaparecer la explotación que hacéis de la clase trabajadora, también se acabará con la explotación imperialista entre países.

Cuando las barbas de tu utópico vecino veas pelar, pon las tuyas rojas a remojar

Marx siempre se burló del socialismo utópico francés. En *El Manifiesto Comunista* llega a llamar al socialismo utópico «fantasía filosófica», financiada por la propia burguesía, que la consideraba inofensiva, incapaz de ser un peligro para sus intereses. Sin embargo, ¿no pecó Marx de utópico? ¿Creer en la existencia de una sociedad comunista en la que se acabarían las injusticias sociales y todos seríamos felices y comeríamos perdices? ¿Fue Marx más duro con el idealismo de otros que con el suyo propio?

Otro aspecto polémico del comunismo marxista es la transición de la sociedad capitalista a la sociedad comunista. Es necesario un estado transitorio al que Marx llama dictadura del proletariado, donde son los trabajadores, la clase dominada hasta ese momento, los que se convierten en la clase dominante. ¿Cuánto tiempo durará el nuevo orden, la dictadura del proletariado? ¿Se corromperán con el gustillo al poder los hasta ahora proletarios y se convertirán en la nueva clase dominante?

6. AVENIDA COMANDANTE BENÍTEZ, ESQUINA PUENTE DE TETUÁN. PLACA HOMENAJE A MANUEL JOSÉ GARCÍA CAPARRÓS

Cruzamos el puente de Tetuán y en la fachada de una entidad bancaria, haciendo esquina con la avenida Comandante Benítez, se encuentra la placa homenaje a Manuel José García Caparrós. Este joven de apenas 18 años murió asesinado a tiros durante una carga policial que tuvo lugar el 4 de diciembre de 1977. Se trataba de un trabajador de la fábrica de cerveza malagueña Victoria que participaba en la manifestación como tantas otras personas. En la actualidad, su crimen sigue impune.

El 4 de diciembre de 1977 se había convocado una manifestación pacífica en todas las provincias andaluzas en conformidad con las autoridades públicas. La manifestación pedía un Estatuto de Autonomía para Andalucía. Se había acordado con antelación que en todas las diputaciones andaluzas se colocase una bandera andaluza junto a la nacional. Pero el jefe de la Diputación de Málaga, Antonio Cabezas, conocido falangista, se negó a colocar la bandera andaluza. Cuando la manifestación llegó a las puertas de la diputación, un joven decidió trepar hasta el balcón para colocar la bandera verdiblanca junto a la nacional. Las autoridades lo interpretaron como un claro intento de tomar el edificio por parte de los manifestantes. La Policía Nacional recibió la orden de cargar contra los manifestantes para disolver la manifestación y restablecer el orden público. La carga policial fue muy dura.

Gracias a distintos testimonios de testigos presenciales, se han podido reconstruir los hechos. Manuel José García Caparrós recibió varios disparos por la espalda. Otro joven, escondido en un portal, le socorrió y lo trasladó en su coche al Hospital Carlos Haya, pero era demasiado tarde. Caparrós murió debido a la hemorragia en el automóvil. El charco de sangre del joven asesinado quedó en el suelo de la Alameda de Colón, cerca de la intersección con calle Vendeja. La noticia del crimen causó un gran levantamiento popular, no solamente en Málaga, sino en otras provincias andaluzas. Las autoridades militares establecieron un estado de sitio con toque de queda durante varios días.

El asesinato de Caparrós no se investigó en serio. No interesaba hacerlo. Durante la etapa histórica de la Transición convenía que el crimen de este joven malagueño se olvidase. Investigaciones recientes apuntan a que las balas que mataron a Caparrós eran del calibre 9 mm, munición que empleaba por aquel entonces la Policía Nacional.

*El Estatuto de Autonomía de Andalucía fue aprobado el
28 de febrero de 1980, aunque muchos rechazan esta fecha
para celebrar el Día de Andalucía y lo hacen el 4 de diciembre,
el día en que murió asesinado Manuel José, reuniéndose bajo
esta placa para evitar el olvido.*

APOSTAR POR LAS CAUSAS PERDIDAS.
WALTER BENJAMIN

Pensar haciendo collages

¿Quién no ha escuchado alguna vez «la historia la escriben
los vencedores»? Pues fue Walter Benjamin el autor de esta tesis.
Benjamin fue un pensador que no hizo filosofía a la manera
oficial. No se adaptó al canon de los escritos académicos; de
hecho, nunca fue profesor universitario e intentó ganarse la vida
escribiendo. Sufrió situaciones de gran precariedad económica,
en las que siempre fue auxiliado por sus amigos, pero insistió en
filosofar a su modo. Antisistemático por convicción, más que
construir un pensamiento, iba destruyendo lugares comunes. La
realidad en sí misma no tiene una única lectura válida, frente a la
creencia de los grandes sistemas de pensamiento occidental, así
que el pensador alemán se interesó por muchos temas diferentes,
aunque sentía cierta predilección por los temas secundarios y
marginales de la cultura. La manera de hablar acerca de ellos
también es especial. Usa un lenguaje literario, con abundantes
metáforas, citando autores que no pertenecen a la tradición filo-

sófica oficial, encontrando nexos entre elementos aparentemente contradictorios, como el marxismo y el mesianismo judío. La forma de expresión también varía (poesía, ensayo, etc.). Walter Benjamin pensaba haciendo *collages*. No es extraño que muchos filósofos no lo consideren parte de su gremio. ¿Es Benjamin un «perdedor» de la historia de la filosofía?

Pisando los talones

El texto que examinaremos de Benjamin es muy breve, de unas diez páginas de extensión, *Tesis de filosofía de la historia* (1940). Fue uno de los últimos textos que escribió antes de suicidarse, según la versión oficial, el 26 de septiembre de 1940, en Port Bou, un pueblo costero de Cataluña y última localidad española antes de llegar a la frontera con Francia. Benjamin huía de los nazis, que ya habían empezado a perseguir a los judíos en Alemania. Entonces, se marchó a Francia y residió en París. Pero ante la ocupación alemana de Francia, su amigo filósofo Max Horkheimer le consiguió un visado norteamericano. La idea era que Benjamin atravesara España hasta Portugal y desde allí viajara a los EE.UU. Allí se reuniría con otro pensador y amigo, Theodor Adorno, en Nueva York.

The End en Port Bou

¿Qué ocurrió para que decidiera suicidarse? Justo el mismo día que llega a Port Bou, enfermo y deprimido, le informan que no saben si el visado podrá valer, porque la frontera está cerrada. Horas después, Benjamin se suicida con una sobredosis de morfina, que poseía para paliar los dolores de una enfermedad. Al día siguiente, se volvió a abrir la frontera. ¿Habría partido hacia Estados Unidos si hubiera llegado a Port Bou unas horas antes o unas horas después, o se habría quitado la vida igualmente? Nunca lo sabremos, pero sí es cierto es que la pérdida de su lugar de trabajo y hábitat, su biblioteca, afectó profundamente a su ánimo. No es baladí esta pérdida para su forma de escribir, con ese gusto por la cita literaria. Ya había perdido gran parte de su colección de libros cuando huyó de Alemania. Después, la Gestapo había registrado su estudio en París, requisando los libros que le quedaban y sus manuscritos. Algunos investigadores de su vida sugieren otra posibilidad, que fuese asesinado en Port Bou, por algunas informaciones obtenidas de aquellos últimos días del pensador alemán, como el certificado de defunción por «muerte natural», su entierro con nombre falso en camposanto cristiano y algunas declaraciones contradictorias de testigos. Es la tesis que se expone en el documental de David Mauas, *Quién mató a Walter Benjamin* (2005).

El filósofo escribe como gusta

A Benjamin le disgustaban los textos didácticos. Quería un esfuerzo de sus lectores y le iban los acertijos. Este texto que analizamos, *Tesis de filosofía de la historia*, es una exposición hermética, poética y solemne de las ideas del pensador acerca de la historia. Benjamin hace referencia en él a otros autores poco conocidos en el ámbito filosófico, a pinturas y a escritores, haciendo una mixtura muy típica en él y que hizo que se le considerase un autor inclasificable. ¿Filósofo poético? ¿Un escritor de temas profundos? Lo cierto es que casi todos los filósofos han expresado su pensamiento en textos. Todo filósofo es escritor. Otros asumen la tarea de escribas por ellos, como Platón con respecto a Sócrates o Flavio Arriano con Epitecto. En el caso de Benjamin, sus textos se mantenían por deseo propio en los márgenes de las clasificaciones genéricas.

Las tesis acerca de la historia

Buceemos por las tesis más importantes acerca de la historia que expone Benjamin en el texto. «No existe el progreso en la historia de la humanidad», sostiene Benjamin en contra de la perspectiva historicista. Siempre se nos muestra la historia como un cúmulo de hechos lineales, donde la actualidad es siempre un momento superior respecto a los momentos anteriores. Más aún, Benjamin afirma que la historia del progreso de la humanidad va dejando ruinas a su paso. De esta idea surge su análisis sobre el cuadro que le regaló el pintor Paul Klee, el *Angelus Novus*. Benjamin narra que el ángel mira con ojos horrorizados la historia de la humanidad. Quiere remediar tanta miseria y muerte, pero no puede hacerlo, porque un huracán le arrastra las alas hacia adelante, mientras sigue mirando hacia atrás. Ese huracán es el progreso.

Otra tesis central del texto es aquella que afirma que la historia la escriben los vencedores. Los testimonios de los vencidos son silenciados. Benjamin nos dice que no es una discusión banal decidir quién escribe la historia. Pero, ¿se trata de convertir ahora a los olvidados de la historia en escritores oficiales de la historia? ¿Se trata de una venganza? No, pues con ello repetiríamos la misma injusticia. Se trata de redimirlos, recordándolos, y retomar el impulso de todos aquellos caídos en la historia para criticar el presente.

Todo documento escrito acerca de la cultura es un documento de barbarie. Se trata de otra tesis del texto relacionada con las anteriores. En este caso, Benjamin argumenta que el documento de cultura es simultáneamente un documento de salvajada, puesto que únicamente recoge la versión de los vencedores de la historia y, además, reduce a aquellos que pierden a ser siempre lo otro, lo diferente, a aquello que no merece la pena tener en cuenta. Por poner un único ejemplo, la Constitución Española de 1812 defendía la soberanía nacional. Pero, ¿qué ocurría con aquellos que no poseían renta suficiente para votar? Su opinión no contaba para nada ¿Y las mujeres? De nuevo silenciadas, sin voz ni voto. Muchos quedaron excluidos de ejercer la soberanía nacional promulgada por la Pepa.

¿Marxismo y mesianismo?

Benjamin no es un autor que proponga una solución ramplona a la problemática de la humanidad. Es consciente de la dificultad. Sabe que la realidad humana es complicada. Por eso, su lectura del marxismo es peculiar, heterodoxa. No sigue al marxismo en ese optimismo derivado de la sociedad sin clases posterior a la revolución. Tampoco acepta la crítica marxista a la religión. En este sentido, una de las tesis de la historia de su texto nos cuenta que existió un autómata jugador de ajedrez, que ganaba a todos los adversarios. Pero debajo de la mesa de ajedrez, oculto, había un grotesco enano, que manejaba mediante unos hilos al autómata. Benjamin afirma que el autómata simboliza al marxismo, y el enano a la teología. Propone una combinación entre la idea marxista de revolución, donde los olvidados de la historia, en lugar de los proletarios, sean redimidos y la idea religiosa de la llegada de un mesías, que desprovisto del sentido religioso significa que puede hacerse posible lo imposible.

EPÍLOGO: *En los callejones del Perchel, antiguo barrio de pescadores, podemos encontrar una pequeña placa conmemorativa en el suelo. La ubicación exacta es la esquina de calle Canales con la avenida Ingeniero José María Garnica. Esta placa recuerda que en ese mismo emplazamiento, que por aquel entonces eran las arenas de la playa de San Andrés, fueron fusilados el general liberal Torrijos y los hombres que le siguieron en su intento de pronunciamiento contra el rey tirano Fernando VII. ¿Cómo se conoce el lugar exacto del fusilamiento? La investigación reciente del historiador Esteban Alcántara Alcaide en su libro Réquiem por Torrijos llega a la conclusión de que la cercanía de un camino para carros, actualmente una calle próxima llamada Fernán Núñez, sería el motivo de escoger ese lugar y no otro: los carros no se quedarían atascados en la arena, cuando llegara el momento de recoger los cadáveres de los liberales asesinados. También se supone que la cercanía* *del convento del Carmen, del cual únicamente quedan algunos restos en pie, al lado de la actual iglesia del Carmen perchelera, determinaría la elección del lugar de la ejecución, puesto que el general Torrijos y sus hombres pasaron su última noche en aquel convento, antes de ser fusilados el 11 de diciembre de 1831.*

Finalmente, lo prometido es deuda. Al inicio de esta ruta se planteó la incógnita de la traición a Torrijos. ¿Quién fue el traidor? Pues nada menos que el gobernador de Málaga, por aquel entonces Vicente González Moreno, que llegó a ser conocido con el sobrenombre del Verdugo de Málaga. Pero, ¿cómo llegó Torrijos a confiar en un representante del absolutismo monárquico? Pues porque el gobernador de Málaga se hizo pasar por un liberal, de nombre Viriato, llegando a cartearse con el general Torrijos y, ganándose su confianza hasta tal punto, que este llegó a confiar plenamente en él, informándole con detalle de sus planes de desembarco y posterior pronunciamiento militar en Málaga. Esta confianza fue su perdición. ¿Habría tenido éxito el general de no haber sufrido este engaño? ¡Quién sabe! Pero seguro que la historia hubiese sido bien diferente.

9 788417 334864